D1727663

Karolek
w PARKU

Karolek w PARKU

IWONA CYBULSKA-KANIA

ILUSTRACJE: ALEKSANDRA SOBIERAJ

PUMILIO
WYDAWNICTWO

Było piękne, słoneczne południe. Mały Karolek wybrał się z dziadziusiem na długi spacer do parku. Chłopiec zawsze z niecierpliwością czekał na te wyprawy. W parku miał kilka swoich ulubionych miejsc. Najpierw poszli zobaczyć łabędzie. To naprawdę duże i piękne ptaki. Pływają z wielką gracją. Karol bardzo lubił patrzeć na ich białe jak śnieg pióra.

Później zajrzeli do Strzałki. To imię ślicznego kucyka. Karolek zaprzyjaźnił się z nim wiosną, bardzo lubi na nim jeździć.

Dziadziuś pokazał potem Karolkowi różnobarwne rybki pływające w pobliskim stawie, biegnącą obok drzewa wiewiórkę i ptaszki przelatujące tuż nad ich głowami. Chłopiec był szczęśliwy.

Nie mógł się jednak doczekać spotkania z kolegami na placu zabaw. Są tam huśtawki, karuzele i drabinki. Najmłodsze dzieci bawią się w piaskownicy, zewsząd słychać radosny śmiech.

Karolek przyniósł dzisiaj swoją biało-czerwoną piłkę. Chłopcy zaczęli grać. Andrzejek biegał najszybciej ze wszystkich, za to najcelniej strzelał Krzysiu. Karol wspaniale spisał się jako bramkarz. W pewnej chwili jeden z chłopców mocno kopnął piłkę i wpadła w pobliskie krzaki.

Gdy chłopcy zaczęli jej szukać, usłyszeli cichy pisk. Troszkę się przestraszyli, podeszli jednak bliżej. Tuż obok ich biało-czerwonej piłki leżał mały piesek. Był bardzo smutny. Nie szczekał na nich, wpatrywał się tylko w przyglądających mu się ciekawie chłopców. Chcieli go pogłaskać, ale Karolek nie pozwolił.

Postanowił zawołać dziadziusia. To była dobra decyzja – chłopcy nie znali przecież pieska i nie wiedzieli, jak się zachowa. Dziadek pochwalił Karola, a później przyjrzał się pieskowi. Ten nadal leżał tuż obok piłki. Piesek miał dużo szczęścia, bo dziadziuś Karola jest weterynarzem. To taki lekarz, który pomaga chorym zwierzętom.

Okazało się, że piesek jest bardzo słaby i dziadziuś postanowił zabrać go do swojego gabinetu. Tam dał pieskowi jeść i pić. Po kilku godzinach zwierzątko poczuło się lepiej. Karolek dowiedział się, że wraz z kolegami znalazł jamnika, bo tak nazywała się ta rasa. Psy do niej należące wyglądają bardzo zabawnie: mają długi tułów, krótkie łapki i długie uszy. Karolek nie mógł od niego oderwać oczu. Zastanawiał się, czyj to może być piesek. Ktoś na pewno za nim tęsknił.

kość biodrowa

kręgi ogonowe

...ersiowe

...ość udowa

...ciowa

kość piszczelowa

Dziadziuś wpadł na wspaniały pomysł. Starszy brat Karola wraz ze swoimi przyjaciółmi rozwiesili w całej okolicy ogłoszenia o znalezieniu jamnika.

Nie musieli długo czekać, po godzinie zadzwoniła starsza pani. W słuchawce rozległ się jej pełen nadziei głos. Miała przeczucie, że odnalazła Tuptusia. Starsza pani mieszkała sama i piesek był jej najlepszym przyjacielem.

KOT

16

Codziennie chodziła z nim na spacery do pobliskiego parku, było tam tyle miejsca do biegania. Poprzedniego ranka staruszka czuła się jednak gorzej i nie mogła nadążyć za Tuptusiem, dlatego odpięła mu smycz i pozwoliła pobiegać obok siebie. To był błąd. Zwierzątko nagle zobaczyło inne pieski i ruszyło w ich kierunku. Starsza pani wołała Tuptusia, ale ten nie przybiegł. Nigdzie nie mogła go znaleźć, płakała cały wieczór.

Na szczęście dzisiaj pieska znaleźli chłopcy i Tuptusiowi nic się nie stało. Na widok swojej właścicielki zaczął merdać ogonem, a potem lizać ją po rękach.

W jego ślepiach widać było wielką radość. Karolkowi było trochę smutno, że będzie musiał oddać jamniczka. Bardzo go polubił, choć znał go tak krótko.

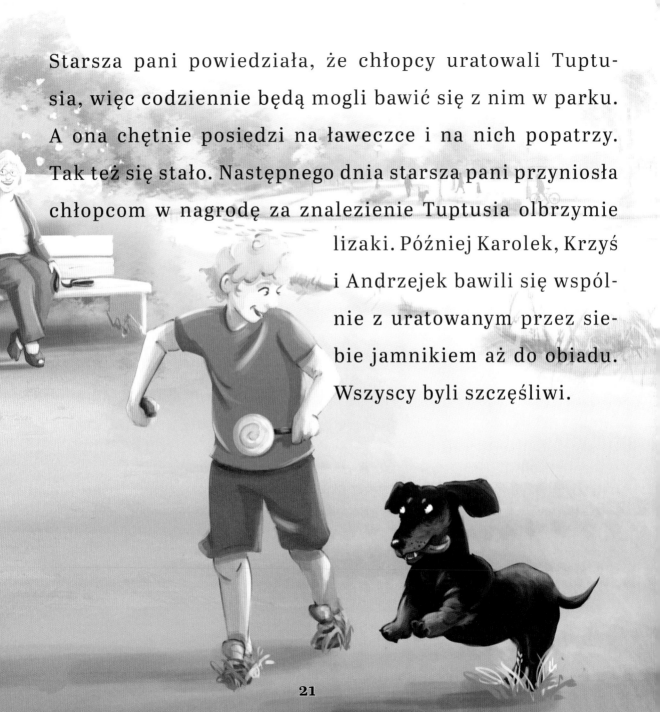

Starsza pani powiedziała, że chłopcy uratowali Tuptusia, więc codziennie będą mogli bawić się z nim w parku.
A ona chętnie posiedzi na ławeczce i na nich popatrzy.
Tak też się stało. Następnego dnia starsza pani przyniosła
chłopcom w nagrodę za znalezienie Tuptusia olbrzymie
lizaki. Później Karolek, Krzyś
i Andrzejek bawili się wspól-
nie z uratowanym przez siebie jamnikiem aż do obiadu.
Wszyscy byli szczęśliwi.

PROSIMY NIE DOKARMIAĆ KACZEK

Przestrzegaj zakazów
i nakazów w parku

Pieski zawsze powinny być
prowadzone na smyczy

Zapytaj właściciela o pozwolenie,
zanim pogłaszczesz pieska

Redaktor prowadzący
Agnieszka Wójtowicz-Zając

Korekta
Julia Zając

Ilustracje
Aleksandra Sobieraj

Opracowanie graficzne i skład
Aleksandra Sobieraj

Projekt okładki
Aleksandra Sobieraj

Wydanie I

Wrocław 2023

ISBN 978-83-67492-40-9

Wydawca
Pumilio sp. z o.o.
Stoczniowa 77
51-215 Wrocław
redakcja@pumilio.pl
www.pumilio.pl

Druk: Perfekt S.A.